| 心得帖丛书 |

# 松下幸之助的
# 经营心得

[日] 松下幸之助 著

艾薇 译

経営心得帖

# 持续增长

人民东方出版传媒
People's Oriental Publishing & Media
东方出版社
The Oriental Press

## 作者简介

**[日]松下幸之助**

Panasonic（原松下电器产业）集团创始人，PHP研究所创办者。1894年，出生于日本和歌山县。9岁时，独自一人到大阪当学徒，后就职于大阪电灯株式会社。1918年，23岁时创建了松下电气器具制作所。1932年，意识到产业人的真正使命，产生了自己的经营哲学。1935年，制作所改名为松下电器产业株式会社。1946年，以"Peace and Happiness through Prosperity"（通过繁荣实现和平与幸福）为理念，创办PHP研究所，开始了PHP运动。1979年，兴办松下政经塾。1989年去世，享年94岁。代表作《天心：松下幸之助的哲学》。

# 前 言

去年，我将至今为止零零散散创作、谈及的"生意经"整理成册，取名为《生意心得帖》①出版发行。意想不到的是，这本书上市后获得了很多读者的喜爱。很多读者发来意见和感想，也有读者表示，希望我可以从不同的角度创作续篇。联想到近期的经济形势，围绕企业经营环境的优劣变化，我整理了自己在大萧条和困难时期的经营心得，终于创作出了本书。

不可否认，做生意也好，经营公司也罢，都是复杂、深奥的工作。但是如果转变看法，困难也可以变容易，因为社会离不开交易。换句话说，因为

---

① 日语原书名为"商売心得帖"，此处为直译。——编者注

消费者的需求始终存在，所以生意会一直持续下去。做生意的本质在于满足社会的呼声和人们的需求，经营者当全力以赴，努力经营，这也是经营松下电器五十五年间我始终坚持的初衷。

希望各位读者立足以上基础的观点阅读本书，衷心祝愿各位读者开卷有益。

松下幸之助

1974 年 7 月 1 日

# 目录

## 第1章 经营心得种种

抱有兴趣 / 003

用电话工作 / 005

票据是私人发行的纸币 / 008

经营能力 / 011

满意的工作 / 014

巧用投诉 / 017

放弃技术引进 / 019

不景气时静待时机 / 022

"暖帘" / 025

采购的诀窍 / 028

提升企业信用的销售方法 / 030

在自有资金允许的范围内 / 033

愉快地工作　/ 036

在服务能力允许的范围内做生意　/ 038

独立自主的经营　/ 040

无形的合同　/ 043

地震损失带来的改善　/ 046

苛刻的顾客　/ 049

认同获利　/ 052

消灭次品　/ 054

物质精神双重贡献"双丰收"　/ 057

宣传的意义　/ 059

珍视对方的时间　/ 061

做生意也需要说服力　/ 063

不拘泥于预算　/ 066

极度认真　/ 068

# 第 2 章　人事心得种种

经济萧条与人才培养　/ 073

只涨工作知识和经验就够了吗？ / 076

部下更厉害 / 078

人尽其才 / 081

正视困难 / 084

谦逊的自信 / 087

脱掉外套的社长 / 089

被责骂的幸福 / 092

服从命令 / 095

做一名"临床医生" / 098

用心教育 / 101

外出历练的专务 / 104

向上级请示 / 108

万事皆可 / 110

一家酒店的故事 / 112

不求最好，只求最适合 / 115

合理的薪酬 / 118

对人事的不满 / 120

专业人士的觉悟 / 122
何为经营者 / 125
拒绝课长升迁 / 127
坚持到底的决心 / 130
新员工也可以做到 / 132

# 第 1 章

# 经营心得种种

# 抱有兴趣

在我看来，经营和生意的方法存在无限种可能，换个角度讲，这其实意味着经营有着无限的改善空间。单从技术层面来看，当今社会的进步日新月异，全新发明和研发成果不断涌现，换句话讲，昨天被认为最好的东西今天已经过时。

因此，从销售方法、广告宣传手段、人才培养方式等方面考虑的话，公司改善的空间其实永远存在。哪怕是现在经营状况良好、发展顺利的公司或商场也绝不能一直原地踏步，依然存在很多待改善的地方。我们应该不断更新观点，经常为彼此的经营和生意提出全新的观点，对公司进行必要的改善。

当然，这种改善永远存在并一直持续。改还是不改，决定了公司或店铺今后是继续发展，还是止步衰落。看到这里，想必各位已经感受到经营的妙处了吧。经营随着彼此的想法和做法而变，在这些想法和做法的影响下不断发展。

最重要的是如何对经营感兴趣。无论是经营还是技术，可以改善的地方无限存在。如果能找到待改善之处，发挥创意推陈出新，经营者就会体验到无穷的快乐；假如达到宁可牺牲睡眠时间都要寻找待改善之处的程度，公司的发展定将非常顺利。相反，如果对这些毫无兴致，甚至认为这是一种痛苦的话，自然很难取得成果。

虽然改善的空间无限存在，但能否最终实现并取得成果，还是取决于经营者是否对自己的生意和经营感兴趣。

# 用电话工作

五十五年来，我先后以社长、会长等多种身份参与经营。就我自己的情况而言，因为我年轻的时候身体就不太好，经常生病，所以相比于在现场"指挥"，更多的时候我只能在后方"守护"。

因为这样，我平时很少直接去公司的众多工厂或营业网点，更多是通过打电话的方式沟通工作。如果是工厂的事，我就直接打给工厂负责人，询问近况如何、有无问题。对于对方提出的问题，我也会直接和对方沟通如何解决。当然，讨论产品等重要工作就不能靠打一通电话草草结束，只能麻烦负责人亲自过来，但是大部分工作基本上通过电话就可以解决。

虽然有人觉得这种工作方式看起来不太可靠，

但从结果来看，电话办公还是颇有成效的。

社会上有不少经营者体力充沛，亲自往返于各个工厂现场指挥。当然有些公司因此而业绩提升，但很多公司却未必如此，常常是老板忙得不可开交，公司经营却并不顺利。

从结果来看，其实我的做法意外地提高了效率。前往工厂需要时间，而且好不容易来一趟，也不能只站着聊天就解决问题，最后白白浪费了自己和工厂负责人的时间。但是打电话的话，基本上只要十分钟就足够了，省去了往返奔波，也不用占用负责人的时间。

当然，有时亲眼看到现场会有更大的收获，而且"老板来了"这一举动可以大大提升员工士气。孰好孰坏无法判定,我只介绍自己的做法供大家参考。

# 票据是私人发行的纸币

如果经济达到所谓的"过热"程度，日本银行就会采取金融紧缩措施。这样一来，各家店铺、公司的资金周转就会变得困难，我们应该怎么应对这种情况呢？

在这种情况下，如果能及时减少库存，或者拜托顾客提前付款的话，公司经营将朝着健全的方向发展，反而能取得积极的结果。

但是一般情况下，这些很难做到，因为顾客更加倾向于延期付款。例如，原本用现金支付的改为用票据，原本用九十天票据支付的款项改用一百天或者一百二十天的票据。对于企业经营来说，这是一种十分不健全的行为。对于整个经济界来说，一方面国家收紧金融，一方面企业放宽金融，国家政策难以取得理想效果。

进一步想,所谓的"纸币"是由银行结合经济实际情况适量发行的货币,伪造货币的行为将受到法律的严惩。票据虽然不如纸币流通性强,但在某种程度上,票据可以买到商品,可以用于支付,就像私人发行的货币一样,在信用的担保下渐渐流通起来。一亿日元的票据,转手十次所产生的效果与发行十亿日元纸币的效果是一样的。

大小公司、店铺都在发行票据,而且期限越来越长,这种情况想想都很可怕。如果纸币的发行量超过经济活动中实际需要的货币量,就会引发通货膨胀。正因为如此,日本银行才选择严格控制纸币的发行,如果私人票据流通的话,整个市场将陷入混乱。

滥发票据猖獗，一旦企业经营不善，就有可能引发连锁破产反应。我认为，抑制票据滥发很大程度上需要政治的力量，但作为商业活动的参与者，我们也应该充分考虑到这一点，警惕随意发行票据的恶果和兑换期限的长期化。

# 经营能力

在做生意的过程中,经营能力的重要性不言而喻,但是需要经营能力的工作不只生意一项。

举个例子来说,假如一家研究所的设施完善,科研人员也非常有能力,那么这家机构一定能取得丰硕的研究成果吗?我认为未必如此。完善的设施也好,优秀的科研人员也罢,这些优势的发挥离不开研究所的运营,换言之,就是研究所的经营能力。研究所运营良好,科研人员们才更容易开展工作,充分发挥自己的能力,作出更优秀的研究成果。同理,经营良好的医院,医生们也更加有活力,会全力投身各自专业领域的治疗。

如果组织缺乏经营能力,无论拥有多少优秀人才,都难以实现人尽其用。相反,它会给人才们带来烦恼和苦闷。无论是公司还是店铺，都必须具备相应的经营能力。

公司的"主人公"，也就是经营者具备经营能力，这当然是最理想的状态，但是现实未必如此。在很多情况下，公司或店铺的经营未必能顺利地开展。

究其原因，举个例子来说，从过去的历史来看，拥有高超经营能力的帝王并不多。但是国家是否因此崩溃了呢，答案是否定的，甚至在没有经营能力的帝王统治下，国家反而更加兴盛繁荣。这是因为，如果帝王自身没有经营能力，他可以保留自己的位置，退一步寻找代替者，也就是所谓的"宰相"参与国家治理。通过这种方式，国家的运营整体上保持顺利,这也是帝王的责任。

公司和店铺的经营也是如此,如果"主人公"自己没有经营能力,可以找一个合适的"掌柜"。只要不忽略经营能力的重要性,解决的办法总是有的。

# 满意的工作

我认为,无论是工作还是做生意,非常重要的一点是不要轻易妥协。换句话说,不要在自己满意之前停下脚步。

假设现在有一个大订单,如果现在不拿下这个订单,以后可能就再也没有机会了。但是,这款商品刚好在质量方面还有不尽善尽美的地方,这时我们应该怎么办? 在这种情况下,因为错过了就很难继续获得订单,很多人可能就轻易妥协了。可以说,这是人性的弱点,存在其不可避免的必然性的一面,但是这样的选择往往会导致失败。

因此,我们在日常的工作中必须坚定内心,无论是谁的订单,在对产品完全满意之前,坚决不出货。不仅自己要有这种心理准备,还要向部下充分渗透这种信念。

在此前提下,我们有信心期待结果圆满。当然,人人都渴望完美,可事情是人做的,现实中存在一定的局限性。但是,如果连"工作不满意就不停止"这种基本的想法都没有的话,随着摊子越铺越大,经营的品项越来越多,问题会越来越不可收拾。

现实之中,确实有公司做到了这一点,并且一直蓬勃发展壮大。那家公司始终坚持,只要商品存在问题,不管是谁的订单、多么大的订单,或者发生何种情况,一律坚决不出货,即使被竞争对手抢先也要重视质量,顾客们都对那家公司的产品充满期待。

当然，在上述基本方针的基础上，那家公司也探索多种经营方法，采取不同方针应对不同情况，但是那家公司对工作精益求精的基本态度值得我们学习。

# 巧用投诉

我因为长期担任社长和会长，所以经常会收到顾客的来信。来信中有夸奖，但更多的是批评，也就是常说的"抱怨""责备"。于我而言，无论是夸奖还是批评，这些信都是非常宝贵的财产。

曾经发生过这样一件事。有一次我收到一位大学老师的来信，说学校在我们公司购买的产品出现故障。我马上派产品最高负责人前往现场，对方因为产品故障一事非常生气，但负责人到现场后诚心诚意地进行说明，采取适当措施妥善处理了问题，最后对方不仅消了怒气，而且对我们的应对感到满意，甚至好意地告诉我们可以把产品卖给学校的其他院系。接到投诉后充满诚意地解决问题，这种做法反而给我们带来了更多生意。

所以，我们应当感谢顾客的投诉。因为投诉，我们才能和顾客结缘。不抱怨的顾客可能永远不再购买了，反倒是投诉的顾客，虽然他当时决定再也不买了，但是当公司代表上门处理时，一句"感谢你们专程来处理问题"，就标志着双方开始相互理解、心意相通了。面对投诉时，我们不同的处理方法会带来不同的结果，很多时候妥善地处理投诉反而能帮助我们与更多的顾客结缘。

当然，受到批评后，如果对此置之不理，或者处理不当的话，双方的关系必然因此断绝。投诉是"相知的缘分"，我们应当认真处理投诉，找出顾客不满的原因妥善解决。不要讨厌和逃避投诉，要巧用投诉，抓住机会。

# 放弃技术引进

这是二十多年前的事。当时我们公司计划从美国引进干电池技术，作为社长，我去美国出差时特意参观过对方的新厂房。不愧是被誉为"世界第一的干电池工厂"，工厂气派，几乎实现了半自动化作业，运转情况良好。松下电器虽然也有领先之处，但是综合来看，还是存在一定差距。回到日本后，我跟大家经过一番探讨，决定抓紧推动技术引进工作。引进新技术上马。

很快，对方应邀来到日本参观工厂，双方就技术引进一事进行磋商，但是在最后的价格协商环节突然陷入僵局。对方想要2%的技术指导费，这个数字本身没有任何问题，但费用不仅涉及干电池，还要求支付手电筒外壳的技术指导费。我方坚持主张外壳和引进的技术毫无关系，谈判因此停滞不前。正当我不知道该怎么办的时候，公司的技术负责人对我说了这样一番话：

"社长，我们放弃技术引进吧。如果引进需要如此多的费用，还不如把这笔钱投入研发呢，我们会做得更好。"我回答道："但是你想想，现在开始研发的话需要大量时间，现在对方有成熟的技术，还是直接拿来用比较快吧。再说，如果研发不出来好的技术怎么办呀？"负责人信心满满地向我保证："不，我发誓一定可以做到，请让我试试吧。"

听罢我下定决心："既然你这么说，那咱们就试试看！"最终公司放弃了技术引进，独立进行研发。技术负责人身先士卒，有关人员团结一致，最终做出的产品比美方产品不知好上多少。此后公司相继研发出了更多产品，现在已经可以向全球输出技术。

如果那时技术引进的谈判顺利谈妥，可能就不会有今天这样的成果了，经营的微妙之处就在于"无法被人类智慧衡量"的美吧。

# 不景气时静待时机

前几年日本经济不景气,一位关系要好的中小企业社长跟我说了这样一番话:"松下先生,我这里雇用了四百多名员工,但是最近经济不景气,业务少了很多,我很担心啊。"

我这样回复道:"我理解你的心情,但越是这种时候越不能乱了阵脚。从长远角度来看,员工工作量的增减是正常的。据我观察,那些在这种时候失败的人,大多曾慌慌张张去寻找别的业务,但是原则上,这种时候一般没有业务,如果有也是低价承接,而价格降得多又会被同行'敲打'。尽管如此,有很多人还是觉得不能让员工闲下来,最终陷入恶性循环,导致公司失败。"

其中的道理其实很简单。对走投无路的公司来说,一旦公司闲下来,大家就会惊慌失措,哪怕力所不及,也想获得更多订单,而逞强拿下的订单价格很低,反而吃个大亏,最终导致公司破产。

相反,那些不勉强自己的公司则会想,"闲着也是没办法的事,这只是暂时的现象,借此机会正好可以改进自身"。例如,多给平时容易忽略的顾客提供一些优质服务,或者把该保养的机器好好保养一下,最后公司不仅没有衰落,反而实现逆势发展。

员工闲着很可惜,这种想法有一定的道理,但是,如果慌张而盲目地去触碰那些不该碰的业务,虽然能避免白掏人工成本,但是往往会给企业造成无法挽回的损失。

当然道理说起来容易做起来难,如果时机未到,我们就休养生息,静待时机,这样的心境至关重要。

# "暖帘"

以前的商人非常珍惜"暖帘"（挂在铺子门上印有商号名的布帘。——译者注），换句话说，所谓的"暖帘"其实就是店铺的信用保障。"暖帘"中寄托着顾客的信任：只要是这家店的东西准没错，大家可以放心购买。

正因为如此，每家店铺都很珍惜自己的"暖帘"，绝不作出自己砸自己招牌的事。很少有店铺愿意把自己的"暖帘"分给别人另立门户，只有诚实且勤奋地在店里工作了十年甚至二十年、店主觉得对方肯定不会砸了自己招牌的人，才能分到"暖帘"。重视顾客、提供优质商品，"暖帘"承载着长年累月持续积攒下的这些努力和信用的分量。

没有挂上"暖帘"就开张的新店往往举步维

艰。反过来说，过去的生意其实是靠"暖帘""撑"起来的。当然现在和过去的情况不同，但无论是过去还是现在，顾客信任的重要性没有改变，只不过当今社会日新月异，变化的速度更快而已。

过去即使生意上稍有不足，靠着所谓的"暖帘"，店铺还是可以勉强维持的。但是，今时今日情况已截然不同，这样的事情也不再被允许。也就是说，现在不再是只靠"暖帘"就能混吃混喝的时代了。如果店铺缺乏实力、没有业务，就算牌子再大也只能日暮西山，这就是当今的新时代。

过去的信用固然重要，但是长年经营建立起来的信用也会一夜崩塌。盖房子需要一年，拆房子只要三天。

因此，现在我们不能像过去那样，只靠信用、招牌做生意了，必须敏锐地捕捉顾客的需求，及时予以回应。也就是说，每天都创造新的信用，这一点至关重要。

## 采购的诀窍

设想一件商品，我们计划将其生产成本率降低 10%，进而相应降低售价。此时我们当然会从公司内部着手，通过完善生产流程降低成本，与此同时，我们也会向原材料、零部件等供应商提出降价请求。

在这种情况下，我们应该如何向供应商开口呢？一种做法是不管三七二十一，直接要求供应商便宜 10%。但是我没有这样做，我委婉地告诉对方："这次我准备把商品降价 10%，以争取更多的用户，不知道贵公司能否帮忙配合一下？"对方听后对我说："如果贵公司降价后利润受损，我们也会跟着受影响。就算要降价，请也一定保证必要的利润空间。"

这样双方的交流就可以进行下去。当然有时对方也会直接拒绝："不行，降价那么多完全赚不到钱。"这种时候我就会详细地询问对方为什么赚不到钱。如果一番沟通下来对方还是无法接受，我就会主动要求去看看工厂，参观之后和对方一起研究通过改善可以降低价格之处。争取到供应商的充分理解，对方就可以放心调低供货价格了。这样不仅实现了降价的目的，对方还会很高兴："原来这家公司不仅仅考虑自己的利益，还会站在我们的立场上思考问题啊。"同时供应商还会萌生主动作为的想法，即使公司不要求，对方也会努力改善产品，降低供货价格。

与供应商的共存共荣至关重要，这是做好采购工作的诀窍之一。

# 提升企业信用的销售方法

有一家日本公司，为了把自己的产品出口到联邦德国，曾派项目负责人专程前往当地考察。这家日本公司的产品质量非常好，卖到任何一个国家都没有问题，品质毫不逊色，这也是公司决定出口的原因。

很快，日本公司开始和联邦德国的一家顶级批发商谈判。到了定价环节，日本公司表示："我们的定价想和德国口碑最好的一流产品看齐。"批发商马上表示："那太贵了，日本其他公司的东西都要便宜15%。同一个国家的产品都便宜了15%，你们却要和德国一流产品的价格看齐，那是肯定不行的。"当然，批发商的话也不是没有道理，但是日本公司的项目负责人同意吗？

项目负责人回答，"您说的确实有道理，但是论质量，我们公司的产品和德国的一流产品不分上下，以同等价格销售不是理所当然的吗？不过，我们公司的产品在德国没有什么知名度，所以卖的时候请一定说明这是'日本的一流产品'。作为这个说明的代价，我们的产品价格就比贵国一流产品便宜3%吧。"

批发商听罢当场拍板："从日本来的公司当中，会这么说的你还是第一个，你是懂行的，就这么决定吧。"

这个故事相当有趣。同样是日本产品，一个比德国产品便宜15%，一个却价格相同，只是扣除了3%的说明费，合作伙伴欣然接受，产品卖得也很好。

迄今为止，日本商品的价格从最初的一百日元降到九十日元，再降到八十日元……剧烈的价格波动引发销售乱象，"日本制造"的品牌信用不断下降，就连批发商都无法放心销售。

但是这家公司则完全不需要担心，而且随着公司信用不断增加，销量也越来越好。

这让我不禁感叹，原来还可以这样做生意啊。

# 在自有资金允许的范围内

随着经济衰退,倒闭的企业不断增加。每次看到有企业破产,我都会感慨负债怎么这么多。第二次世界大战前我从未见过这种情况,当年对于一家注册资本为一千万日元的企业,哪怕陷入困境,债务最多就是两三千万日元,负债一旦达到注册资本的两倍到三倍,就已经是非常严重的问题了。

但是对于当下资本一千万日元的公司,如果陷入困境,公司的债务往往已经高达两三亿日元,债务是注册资本的几十倍,这是普遍现象。

其实这是公司脆弱性的表现。经济景气时公司还能维持运行,但凡遭遇金融紧缩政策,公司再也无法筹措到资金,很快就会陷入困境。另外,单从债务利息的角度考虑,公司的收益也会日渐减少。

迄今为止，日本的公司、店铺之所以走上负债经营之路，主要原因在于第二次世界大战的失败。第二次世界大战刚结束时，大家既没有钱也没有物，只能靠信用担保。不过那只是战争结束不久、非常时期的情况，现在的情况不再允许负债经营的模式。衷心希望从现在开始，日本企业可以转变企业经营模式，在积累的资金，也就是自有资金允许的范围内做生意，不要再靠借债维持了。

凡事都是说起来容易做起来难。靠自有资本维持公司运营，前提是必须赚到需要的资金。赚钱不易，加之各方都在竞争，又不能标出高价，最后只剩下吸引顾客购买这一条路。

这样一来，公司就需要花很多心思，或者努力降低价格，或者为顾客提供更为周到细致的服务。与其说是为了成功，更多是不得已而为之。但是只要成功了，不仅顾客开心，自己也能合理赚钱，还能完善公司的经营机制。

只要下定决心，坚定地靠自有资本经营，我认为这是完全可行的一条路。

# 愉快地工作

做生意也好，做工作也罢，都有很多要点需要关注，能否愉快地工作是其中很重要的一点。工作无聊，生意无趣，这样的人生该多么不幸，工作也不会有什么成果。同样是工作，心情是否愉快十分重要。

那么，如何让员工乐观地对待工作呢？我认为办法之一就是为员工安排合适的岗位。员工为自己的工作而自豪，保持积极向上的心态努力拼搏。反之，如果员工觉得自己的工作可有可无、没有价值，心情就不能愉快。从这一点来说，经营者更要拥有正确的经营理念，顺应社会需求开展工作，互帮互助，共同营造良好的氛围。

举个例子来说，不管销售人员多么想为顾客提供满意的产品，如果公司生产不出相应品质的产品，一切都是徒劳。产品跟不上，就算销售人员用尽浑身解数，顾客也会还价，公司根本赚不到钱，销售人员也就感受不到工作的价值。经营者应当引导员工培养正确的职业观，生产者致力于提高产品质量，销售者也可以自信地推销商品，为公司谋得合理利润。

经营者需要向员工们传达正确的使命观，营造愉快的工作氛围。

消费者、需求方应当正确地评价生产者的使命和努力，这种鼓励和帮助十分重要。

如果所有人都能满怀喜悦地工作，这样产出的成果将无法估量……

# 在服务能力允许的范围内做生意

没有完善的配套服务，无论产品怎么好，顾客都不会满意。相反，服务的不足会引起顾客的不满，降低企业的信誉。

在我看来，从某种意义上来说，服务的优先度要高于生产和销售，如果无法为产品提供完善的服务，就必须考虑把生意规模缩小到自身力所能及的范围内。

也就是说，假设现在有五项工作正在推进，如果可以同时为五项工作提供完善的服务，那不存在任何问题；但是如果力所不及，一定要及时减少工作，以确保每项工作都有与之相配套的完善服务。这种取舍是必不可少的，如果不这样做，生产销售方就无法践行对用户的承诺。

在扩大业务规模的过程中，我们要充分意识到这种责任，常常反思。生意如果做大，自己是否有能力提供相应的服务，这是必不可少的。如果很幸运拥有这样的能力，那么公司将大有可为，反之，如果对服务的某一点没有信心，无论前景怎样美好，都要暂且搁置计划。盲目铺开摊子的话，就算开始时生意很好，最终也会因为服务问题引发不满，最终导致失败。

服务与生意相伴相随，无论情况如何，经营者都要在服务能力允许的范围内量力而行，这种态度是公司稳健发展的前提。

# 独立自主的经营

近来人们常常提及"工厂产品流通过程'系列化'"。也就是说，批发商也好，零售商也罢，越来越多的店铺选择专营一家公司的商品，而不是多家公司的多种商品。

随着社会的进步，各式各样的新产品不断问世，商品的种类增多，做生意这件事也变得纷繁复杂起来。专营一家公司产品的话，可以减少损耗，思路也清晰，生意做起来更加容易。此外，制造商和批发商、零售商之间的关系更加紧密，消费者也可以享受更加周到的服务，从这些方面来看，可以说"系列化"是一种进步。

但是，是不是所有"系列化"的店铺都能顺利发展呢？我认为并非如此。当然店铺的经营离不开老板的经营才华，但同样重要的是一点是要坚守"独立自主的经营"。

当店铺同时经销多个厂家的产品时，因为生意是自己的，店铺老板进货时会根据自身实力、市场情况进行独立自主的判断，进而决定进什么货、进多少。在这个过程中，店主全程依靠自己的力量，按照自己的想法进货、销售，独立经营。

如果只和一家公司往来，往往会产生自己的店铺是公司子公司的错觉，稍不注意就会忽视经营的独立自主性。比如采购时，厂家可能会劝说："这个月给你们店分配这些任务，你就干吧。"即使觉得并不合理，店主往往也只会说："嗯，既然你这么说，那就这么定吧。"长此以往，店主会对公司产生依赖，总觉得"这是厂家分配的任务，卖不出去可以退回去""付款什么的可以再拖拖"。

长此以往，店铺的经营弱化，业绩也没什么起色，对消费者也是有害而无一利，"系列化"反倒成为店铺发展的绊脚石。

我认为批发商、零售商应该站在"通过只经营一家公司的商品把生意做得更好，为消费者带来实实在在的好处"的立场上，更加注重经营的独立自主性。另外，制造商也不能抱着"系列化比以前更容易销售"的简单想法，必须认识到辅助顾客自主经营的责任。

只有双方都认识到自主经营的重要性，通力合作，才会取得满意的成果。

# 无形的合同

在做生意的过程中，很多时候人们是收到订单预约，然后按照订单要求组织生产或销售。甚至有的公司和店铺几乎全部做预约业务。

没有预约，客人可以根据需要自由购买，这就是所谓的"预期销售"。我认为"预期销售"的份额其实更大。松下公司现在一年的生产和销售额大约是一万多亿日元，几乎全部产品都不需要预约，随时可以在市场上自由购买。

当然，有人认为这种做法非常危险。因为没有任何预约订单，销量就没有保证，而且产品卖不出去也无处可抱怨。预期销售给人一种无所依靠的不安感。

在这种状态下，怎样才能调控产量、恰到好处地生产销售呢？面对难题，我是这样解决的。

首先仔细想想，虽然公司没有接到订单，也没有签订任何合同，但是消费者和公司之间一直存在着"无形"合同。无形合同的前提是消费者可以随时地自由地购买商品，合同的内容则是消费者的需求或需要，生产者和销售商有责任充分供应产品，以便消费者根据自身需求随时购买。

对于生产者来说，提高产量和供应、投资新设备、翻新厂房……这些并非完全没有保障的前期投入。虽然没有接到任何预约订单，但是消费者对商品一直存在需求，这就好比接到了订单并签订了合同一样，生产者有义务基于"无形"的合同而工作。这么理解,便能生出信念,也有助于更好地开展业务。

我始终秉承这样的观点,以自己的方式感知并履行着"无形"的合同,三千万日元,或是五亿日元,甚至百亿日元、千亿日元,商业规模不断扩大,在此过程中始终恰当地履行公司的产品供应义务。

当今世界纷繁复杂,生产和销售面临的难题不断增多。正因为如此,加深对无形合同的认识、培养经营者作为供应商的义务观念就更加重要。

# 地震损失带来的改善

这是约十年前的事了，当时新潟曾经发生过大地震。想必很多人对此还记忆犹新，房屋、桥梁等坍塌，无论是普通市民还是经济界都损失惨重。

而我们公司刚好在当地有销售网点，损失也不容乐观。但是当我听到损失金额时，一时间竟难以接受，损失严重到超出想象。

如果在新潟当地有工厂的话，即使损失巨大，那也无法避免。但是小小的销售网点损失却如此巨大，这让我倍感意外。

经过多方调查我发现，原来是公司把大量产品运到了新潟，导致当地库存过剩。如果货物调配得当，库存保持在合理水平，完全不会造成那么大的损失。

一般来说，人们往往认为天灾造成的损失属于不可抗力，无法预测。特别是地震，即使现在借助科学的力量也无法预知，只能算作天灾。但是仔细想想，虽然天灾不可预测，但是如果经营得当的话，损失其实也是可以控制的。

这个故事的后文是，我们公司在震后吸取教训，对全国的销售网点进行摸排，发现几乎所有网点都存在类似的问题。公司经过各种讨论，对问题进行彻底整改，完善了公司的经营体制。

如果没有这场地震，可能谁也不会注意到过剩的库存，问题将会一直被放任下去，公司也没有任何改善。虽然遭遇了地震，公司却因祸得福，取得了巨大成果。

这也许就是经营的美妙之处吧。

# 苛刻的顾客

做生意时遇到的顾客各种各样,有的顾客要求苛刻,有的则不然。

比如有顾客订货之后叮嘱店里赶紧送货。店里虽然回复"知道了,我们会尽快送货",但配送往往需要一定的时间。店家可能会盘算,明天送到就可以吧,正好明天那个方向也有送货任务,明天一起送吧。结果到了第二天,突然遇到其他紧急情况需要处理,前一天的订单可能就要再推迟一天,等顺路的时候再送。现实中,这种事情经常发生。

在这种情况下,如果顾客觉得这也是没办法的事,收货时间就延长了两天。

当然也有顾客并不认可,多次打电话催促

送货。

"马上把刚才订的货送来。"
"明天送过去可以吗?"
"不行,哪里等得到明天,今天马上送过来。"
"今天送货不方便呀。"
"别说什么不方便,这次破例单独送一下吧,我这儿急等着用。"

在顾客的再三催促下,店里最终只能放弃凑单,单独配送。只有经历过顾客的严厉催促,店铺才能意识到马上送到的重要性。

通过这样的对话我们可以知道,哪怕是一笔不起眼的订单,它也是顾客专程下单的,对方对订单充满期待。

订单无论大小都不能拖延,及时送达可以积累信任,关系到生意的长久发展。

苛刻的要求才能帮助我们提高和进步,越是严厉的顾客,我们越要学会感激。

# 认同获利

在日复一日的生意中,获得正当的利润,即所谓的"合理利润"对商家至关重要。有了合理利润的保障,商家才能扩大店面,并通过生意为更多人带来便利。此外,企业以税款的形式上缴部分利润,也能为社会的整体繁荣作贡献。从这个意义上来说,获得合理的利润,既是作为国民的一项宝贵义务,也是一项重要责任。

作为生意人,必须时刻谨记"获得合理利润是一项宝贵义务,更是履行社会成员的职责",每日精进努力。

为了促进生意发展,最基本的一点就是向顾客提供物美价廉的商品,让顾客满意。生意人需要在日常活动中坚持创新,日复一日地研发更好的商品，寻找更高效的生意经，提供完善的服务。

同时，我们也不能忽视合理利润的重要性，否则就会引发非法销售等过度竞争现象，导致整个行业不景气，甚至引发市场混乱。

商客之间，商家要学会珍惜合理利润，并把这种想法传递给顾客和消费者。不管自己怎样看重合理利润，如果消费者未能认同，最终也是于事无补。遇到合适的机会就真诚、热情、耐心、积极地向顾客传达这种观点，长此以往，消费者就会逐渐接受。合理利润至关重要，它是商家乃至整个社会繁荣的基石。

生意成功的真谛之一就是让顾客认同自己赚钱，这样的生意才能真正对世界、对消费者有益。

# 消灭次品

这是一家汽车企业的真实故事。因为业务的关系，公司需要成批采购原材料、零件等，据说这家公司付款时经常会扣除一笔款项，那就是电话费。这家公司认为，第一次打电话下单时当然应该由自己支付电话费，但是如果因为延迟交货打电话催促，或者因为产品质量问题打电话投诉的话，电话费就应该由供应商负担，所以每次都会从账单中扣除相应的费用。

还有一家机械企业，每次也会扣除一笔款项。具体来说，如果交付的产品中存在次品，公司就会按照比例扣款。有次品当然要返厂，这是理所当然的。但是如果次品率超过5%，这家企业不是支付剩下的95%货款，而是再扣除一定比例的罚款，而且会把这件事直接告知对方的最高负责人，而不是收款员。

这两个故事让我感慨颇深。两家公司都是日本数一数二的优秀公司,没想到那样的大公司会注意到这种细节,这让我既惊讶又钦佩。

当然,两家公司这样做的目的并不在于电话费或罚款本身,大概率是希望对方公司减少产品原材料或零件中的次品,保证产品完全合格吧。所谓的"次品",不应当是发现了就返厂而已。退货要消耗精力,更何况在众多的零件中哪怕其中一个存在问题,整辆汽车将无法运转,大型设备就无法作业,次品并不是一个小问题。

也许是深知次品的可怕之处,所以这两家公司才想出这样的办法吧,它们希望供应商每次都能交出100%合格的优质产品,罚款也正是这种良苦用心的体现。

上述两个故事让我明白,消除次品虽然是供应方的责任,但是在进货方的影响下,次品也可以大大减少。

# 物质精神双重贡献"双丰收"

做生意、经营公司的使命在于不断丰富生产，提供各种产品，丰富人们的生活。换句话说，经营的意义在于提高人类的物质生活。

但是另一方面，只要物质丰富，人们的生活就富足了吗？我认为并非如此。在物质之外，人们还需要精神的富足、心灵的慰藉等，两者的同步提升才是真正的幸福。

在做生意的过程中，我们不仅要着眼于物资的丰富，更要考虑精神上的富足。放眼整个社会，宗教、道德、艺术，这些都可以丰富人们的心灵。做生意最基本的目标是提供丰富的物资产品，兼顾消费者的精神需求，为物质精神双重富足的社会建设作出贡献。

举例来说，一种方法就是营造良好的经商风气，构建商业道德。平时如果对筹集资金、支付货款毫不上心，觉得做生意得过且过就好，人的精神就会逐渐懈怠，最终导致恶果。妥善处理并呼吁同行关注资金、付款等问题，这是生意正常运转的关键，也会影响社会人心。我们必须坚持独立自主经营，与同行通力协作。

实现物质精神双重富足的方法多种多样。希望各位同行都可以以自己的方式为建设物质精神双重富足的社会作出贡献。

# 宣传的意义

制造商的使命在于生产真正对人们有用的产品。脱离了这一前提，生产者就失去了自身的存在价值。是不是只要生产出好的产品就可以了呢？我认为这样是不够的。制造商还需要通过一些方式让消费者知晓"这次我们上市了这样的好产品，使用它，您的生活将变得更加美好"。广告宣传的意义就在于让消费者了解产品，这也是商家的重要义务。当然，广告宣传的意义不在于单纯地促进产品销售，而是我们制造出了一件如此好的产品，一定要想办法让广大顾客知道它，可以说这是一项很崇高的工作。

此外，广告宣传也是激发销售方积极性、提升销量的重要手段。销售者应从自己将厂家生产的优质产品传递给需求者这一行为中认识到自身的使命，心里怀着使命做生意。有的制造商认为，销售是销售者的工作，自己和宣传无关，忽略广告投入，渐渐地，销售方逐渐失去对制造商的信任，销售热情也逐渐冷却。相反，如果制造商积极宣传，销售方也会获得极大的安全感，热情昂扬地投入销售之中，完成自己的使命。

今时今日，广告宣传兴盛至极，这本身没有问题。但是，我们常常能看到为了销售而宣传、为了广告而制作广告的现象，希望厂家可以思考一下这种广告的意义。

## 珍视对方的时间

在做生意的过程中,公司经常需要"接待"顾客,这是维持良好人际关系的保障,也是密切往来的重要前提。

不过,"接待"要有"度"。换句话说,如果试图将接待与某些不当行为挂钩,这就超出了接待的范围,白白浪费双方的时间。大家都一心一意扑在生意上,工作也极其忙碌,好的接待应当珍惜对方每一分钟的时间。

接待不可浪费对方宝贵的时间。拜访顾客时,如果恰巧赶上对方在吃饭,一般对方都会问一句"你吃了吗?"这时常见的得体回答是:"您正好要吃饭,我还是不打扰了。"不过有的人可能回答"方便的话给我来份乌冬面吧,咱们边吃边聊聊吧",或者"我不饿,而且您也很忙,我本不应该打扰,不过要是能给我点时间谈谈业务的话,这就是最美味的'大餐'了"。这样的回答不仅不失礼,还会给人一种"说话很有分寸"的感觉,让人更加信任。

不过,这种方式并不适用于所有场合,应当根据时间、场所寻找机会。传统的那种专程预留出大段时间,不紧不慢地深入交谈的方式也是非常重要的。

只是我们应该意识到那不应成为唯一的相处方式,"接待"应当自然得体,节约彼此的宝贵时间,从这种意义来看,我们必须打破传统的接待观念。

# 做生意也需要说服力

我认为，生意的成功离不开说服力。

假设店里刚好来了一位客人，对方说："你这商品真贵啊。别的店不是都打八五折吗？你这儿只打九折，这可不行哦。"这时你会怎么办？如果真打八五折，这笔买卖就亏了，亏本的买卖是要不得的，但是如果跟客人说"那可不行"的话，客人肯定会去别处购买。

越是这个时候，我们越要想办法说服客人。"这是我们店的最低成本价，再低我们就亏本大出血啦，要是您能接受这个价格，我们可以在服务和其他方面提供增值惊喜。"用这样独特的方式，也许能说服客人。

即使是宗教，我认为也是那些有说服力的宗教会取得长远发展。当然，宗教本身的教义也要出彩，但是无论教义怎样精彩，缺少了说服力，宗教也只会日薄西山。

做生意也是如此，而且对说服力的要求更高。只要经营的商品有用、质量好，而且价格合理，我们就有自信去说服顾客。"这个价格绝对不贵呢，低于这个价格，我们店的买卖就没法儿做了，自然就不能为顾客您提供周到的服务，别家的便宜货价格低得不正常呀"，用这种独有的方式说服客人，十之八九的客人会产生共鸣，这就是所谓的"社会"。

当然，如果无法说服顾客、让顾客产生共鸣的话，严格地说，这种人其实不适合做生意，既给自己找麻烦，也给别人添麻烦。

现在就是我们认真审视说服力的重要时刻。

# 不拘泥于预算

从钱的角度来说,国家的运营离不开预算,政府在预算的基础上实施各种政策。国家向国民征税,以预算的形式向各个省厅机构分配,省厅机构利用预算开展工作。预算需要经过议会批准,换言之,国家向全体国民承诺,在批准的预算范畴内履行职责,不做超出预算范畴的事项。

很多情况下,做生意也需要根据预算"量体裁衣",这样公司和店铺的运营才能更顺利、更有效率、成果更佳。在批准的范围内执行预算,这对公司发展也十分有利。

但有一点我们不能忘记:在实际做生意的过程中,活生生的人是不会完全按照预算行事的。换句话说,预算只能服从生意,而不是生意服从预算。

即使没有预算，基于国民的承诺，政府机构也不会停摆。而且在自然灾害等非常时期，政府还会制订特别预算以应对危机。做生意每天都在经受考验，我们不能因为没有预算就拖延要紧事务，切记做生意不是"做官"。

很多情况下，我们完全明白这个道理，但在现实中却常犯类似的错误。因为没有预算而拒绝顾客的要求，因为缺少预算而不做必要的广告……这种事情随处可见。当然，顾客是不会因为没有预算就停留的，客流只会源源不断地流向他处。

依照预算做生意当然很重要，但是这只是我们的美好想法，现实中做买卖，哪怕是去借款也要留住顾客。

## 极度认真

最近的经济形势愈发严峻：一方面员工要求大幅度涨薪，另一方面原材料价格却在飞涨，社会还要求生产、销售的商品不能轻易涨价，尽量维持现有价格，有时甚至还要求降价。

总而言之，无论是经营还是做买卖，我们只有最大限度地减少浪费，提高生产效率，才能满足国内外顾客的多种要求。

当然，行业不同，主体不同，情况多少会有差异，但这一点是适用于所有行业的"黄金准则"。毕竟全社会都在涨工资，自己的公司自然做不到假装看不见。

同样的形势下，是不是所有行业都面临困难

呢？绝对不是。比如有的企业给员工加薪两成，却通过提高生产效率的方式弥补缺口，有的公司则为了筹集资金苦不堪言。有的店铺价格虽然便宜，合理利润却很高，而另一些店卖得贵却赚不到钱，同一行业也经常能看到这种情况。

为什么会有这样的差距呢？用一句话来概括，就是经营好的店铺会洞察时机。明年既然要涨薪，那我们就提前梳理流程，公司"吸收"意见、整合问题，就算涨了工资，公司的利润依然不断攀升。相反，如果被动涨薪，公司的利润自然会减少，公司没有为优化业务作出任何努力。长此以往，公司的牺牲自然越来越多。所谓"经营"，必须学会在一定程度上预见未来，提前制订对策，静静等待时机到来。

这是放之四海而皆准的道理，但是各家公司的实际表现依然存在差距，这说明很多公司虽然感知到了未来，却没有执行。换句话说，感知的认真程度不够。经营不能单靠口才好或者是头脑聪明，只有全身心投入，极度认真，才能感知到何时应该做什么，以及怎样做，强大的执行力也将相伴而生。

这不是一件容易的事，却是当下社会对经营的必然要求。

# 第2章

# 人事心得种种

# 经济萧条与人才培养

人心不可思议，好的状态持续一段时间之后，总会出现疏忽大意、掉以轻心的情况。古往今来，前人常常告诫我们"居安思危"，哪怕当下平安无事，也不能放松对未知困难的戒备。尽管有这样的训诫，人非圣人，孰能无过，人们还是容易在顺境中自满。

人一旦实际遭遇困难，难免会产生恐惧的情绪。可能是因为必须绞尽脑汁去面对困难，克服问题，脑子反倒比处于顺境时更加灵光，越努力人越能获得成长。只有经历困难，我们才会进步向上。

如此想来，公司和店铺在培养人才时，如果诸事都顺利推进，其实很难培养出优秀的人才。越是在遇到困难、工作不顺的时候，员工反而越能快速成长，变成真正的优秀人才。

话虽如此，但是我们并不是期盼遇到困难。公司和店铺发展顺利，那是求之不得的美事，完全没有必要故意制造困难。

从这个意义来说，经济萧条反而是培养人才的最佳机会。萧条本身绝对不是好事，但是从宏观的角度来说，这不是人力可以避免的，而且在现实当中，景气必然伴随萧条。

经济萧条了，产品就有卖不出去的风险，资金也很难筹措，人人自危。但是局面越艰难，我们越不能只抱怨"太难了、太苦了"，而是应该积极转变想法，把萧条看作"虽然困难，但这是对员工进行生存教育的绝佳机会"。

即便经济不景气,只要志向坚定,这将成为培养人才、完善经营机制的最好机会。

## 只涨工作知识和经验就够了吗？

教育和培养孩子时，我们需要注意很多问题，其中之一就是培养孩子拥有独立的世界观、人生观。什么是人类的共同生活？何谓正确做人？尽管存在好坏的差别，但每个人都应当有自己的想法。

想法升华为信念，潜移默化中影响个人的言行，进而影响下一代，引导孩子朝着正确的方向发展。如果缺少信念，不管口头上向孩子讲多少大道理，也难以把孩子教育好，更无法培养出孩子的良好教养。

这一道理同样适用于公司和店铺。为了培养出满意的人才，经营者自身必须拥有坚定的社会观、事业观和人生观，在此基础上，公司才会拥有独一无二的使命观。

如此一来，经营者就可以对员工讲："我们公司有这样的使命观，实现使命是公司存在的重要意义。希望大家充分理解使命，尽最大努力完成使命。"员工听到这样的话，自然会觉得："原来如此，公司有这样的使命观，我的工作是为了达成公司的使命，而不是为了自己那点蝇头小利，我可得好好努力。"这就是"润物细无声"的育人过程。

如果没有这样的使命观，每日碌碌无为，虽然业务知识和经验可能会随着时间的推移而增加，但是员工却很难实现真正的成长。

当下，大量公司、店铺的经营举步维艰，正因如此，使命感的培养才变得愈发重要。

# 部下更厉害

我认为自己是个学问匮乏、没什么才能的平凡人。尽管如此，世人却常常表扬我"善于经营""善于用人"。当然我自己从不这样认为，但是听惯了这样的表扬之词，我也会思考自己哪里做得比较好，我想到了一点。

这就是，我一直认为部下比自己厉害。即使是公司里平平无奇的普通员工，他们都比我更有学问、更有才能，而且工作出色。

我长期担任公司社长、会长等职务，所以经常会对部下提出各种意见，有时也会发火怒斥："你这么做有问题！"但这是社长、会长的职责，并不是因为我个人如何优秀，或多么有才华。甚至我一边口头厉声呵斥部下，一边内心认为"他比我厉害多了"。

如果抱着这样的想法用人,即使普通如我,也能多少在生意上取得一些成功,变得善于经营和用人吧。

多年经商,我接触到很多合作伙伴,从中更加感受到这一点的重要性。曾经有合作伙伴公司的社长跟我抱怨:"松下先生,我们公司的员工不行啊,真让人头疼。"可能说这话的那位社长自身非常优秀,相比之下,显得员工们逊色了。但是我非常确定,这样的公司/店铺一定发展不好。相反,那些认为"我的部下都很能干,真心很高兴"的领导,反而能带领大家取得佳绩,公司的生意也会很好。

提到这些，我觉得这不是我个人的观点，任何场合下，我们都可以根据领导觉得部下是否比自己更优秀来判断公司的成败。这可能只是一件小事，但小事上也有经营和用人的诀窍。

# 人尽其才

如果一个团体、一个组织的领导者与工作完美契合,那么整个团体都会快速进步,成员也会感到很幸福。相反,如果领导者不适合这项工作,整个团体就不会有什么发展。有时不仅不会发展,甚至可能会崩溃,合适的领导者对一个团体十分重要。

常言道:"一子出家,九祖升天。"就是说,一个人出家,亲兄弟自不必说,全家最后都可以飞升,大家都会通往极乐。说法可能不尽相同,但集体中只要有一个人找到了适合自己的位置立住脚,毫无疑问,整个群体就会兴旺发达。

在日本,很多公司的人事安排讲究论资排辈。这种做法饱含着一种难以割舍的感情,没有必要全面废除,但在发挥制度优势的同时,我认为也不能埋没合适的人才。

曾经有一家公司走投无路，向我们请教经营之道。顾及情面，我应承了下来，安排一位还不到四十岁的年轻人重振这家公司。以此为契机，那家公司面目一新，原本公司长年亏损不赢利，但随着产品质量提高，利润不断增加，两轮追加投资后分红节节高升。

这只是一个简单的例子，充分说明了合适人才的重要性，不仅仅是领导者，各个环节都需要合适的人才。当然，尽管提拔合适的人才重要，但是没有全体员工的理解也是行不通的。如果想让员工接受并做好工作，即使对方是自己的部下，只要他适合这项工作，就要主动让出岗位，我们有必要在职场普及这种想法。

唯此方能人尽其才,公司和店铺才能取得长足的发展,员工才能幸福。

## 正视困难

做生意常常会遇到各种困难，有时甚至会进退两难。

面对困难，我们应该如何应对呢？想必大家的思维方式各种各样，但我认为，首先应当素直地认识到事态很严重，这一点非常重要。然后，冷静地思考问题产生的原因。原因可能在外部，但更多时候，原因在自己这边。有时是自己认知不足，有时是做法有误，我们要坦率地承认问题。错则改之，打开解决困难的思路，这种做法对今后的发展也将大有裨益。

换句话说，破局方能立局。不过实际之中，很多情况下无须推翻现状也可以达到类似的效果。深入问题并打开思路，方能彻底领悟，这一点非常重要，接踵而来的将是飞速的进步和成长，这是人类本性。

即使是成就了伟大事业的贤者，也没有人是一次都没失败过的。每个人都会遭遇困难，经历各种失败，但是每次都有所发现和领悟，在经历无数历练之后逐渐成长，不知不觉间心中根植了坚定的信念，最终取得伟大的成绩。

当然，遭遇失败或陷入困境时，最大的问题是能否坦然承认自己的失败。如果无法面对失败，即使失败了一百次，也不会有一点进步。一味地抱怨社会和他人，只会使人经历更多失败，招致更多不幸。

坦诚分析失败的原因,"这是非常好的经验,虽然代价大了一点,但是我学到了宝贵的教训"。这种心胸开阔的人日后才会进步成长,不知道各位读者是否赞同这一观点呢?

# 谦逊的自信

无论做什么事情，特别是在做生意和经营企业的过程中，我始终认为秉持坚定的信念，或者说满怀信心的态度至关重要。缺乏信念的经营、没有信心的买卖不堪一击，也很难取得成果。面对工作，我们应当不断提升自信，在此基础上培养自己的信念。

当然，不管自信怎样重要，盲目自信也是不可取的。自信源于谦逊，失去谦逊的自信不是自信，而是自满。实际上，失败者身上往往有缺乏谦虚、固执己见的倾向。与之相反，在谦虚的心态基础上渐渐建立自信，拥有坚定的信念，这样的人大概率能获得成功。

越是身居高位，越要注意这一点。如果是手下的人不够谦逊，上级可以及时提醒"你的想法错了,那样不行",部下也能及时发现并改正问题。但如果是身居高位的人,部下是不会说这种话的,只有自己提醒自己,常常扪心自问是否还怀有一颗谦逊之心。

人越谦逊,就越能了解别人的优秀之处。比如这时我们就能发现自己部下大多比自己厉害,一味贬低部下的领导很难说是谦逊的领导。当然,并不是所有的部下都优秀,自然有比自己差的人,但是如果能秉承谦逊的态度,就算从那些比自己差的部下身上也能找到其长处,进而明白怎么用好他。如此一来,领带者能迅速同意员工的合理提案,提高决策效率,犹如流水一般地推进工作。

希望人人都拥有谦逊的自信。

# 脱掉外套的社长

这是一件发生在机场的事。有一次我到了机场，刚好距离航班出发还有些时间，我就去了候机室，在那里遇到了一个人——某家大公司的社长，五十岁左右，年轻有为。可能是行业不同的缘故，之前我们很少见面，只有两三次擦肩而过，但我知道对方公司在行业内算得上日本第一，是一家非常好的企业。

那位社长一看到我，立马起身准备脱掉外套行礼。我赶忙说："别客气，您坐着就好。"但这时社长已经脱掉外套，毕恭毕敬地向我鞠躬问好。因为我刚好有点感冒，寒暄了几句就告辞了，但内心还是感到很震惊。

其实像候机室这样的地方，就算两者身份差距巨大，近来也很少有人这样认真地打招呼了，这是普遍现象，更何况对方是大公司的社长，和我们公司也没有生意往来。尽管如此，对于只见过两三面的我，却特意脱下外套郑重问好，我不禁被对方周到而谦逊的态度打动了。

据说，这位社长并没有任何背景，以普通员工的身份进入公司，却创造了四十多岁就当上社长的奇迹。年纪虽轻，作为社长却能经营日本国内屈指可数的大公司，稳如泰山，成绩亮眼。

有一次见面，我称赞这位社长："听说你虽然年轻却做得很好，真了不起啊。"没想到他回答说："没有没有，因为我不懂的太多了，经常向员工和其他公司的同人请教。松下先生，也辛苦您多多赐教呀"。这番话让我更加钦佩对方,这种谦逊有礼的姿态很难让我不产生好感。

我无限感慨,这正是那位社长年纪轻轻就已取得如此成就的秘诀呀。

## 被责骂的幸福

一次，我们公司一个级别已经很高的员工犯了一点小错，在我看来，错误无论大小，都不能置若罔闻，一定要好好说清楚并及时提醒对方，于是我把犯错的人叫到办公室：

"对于你的行为，我其实准备给你一次警告。但如果你因此而心怀不满，警告就失去了意义，所以我在犹豫怎么办。如果你真正意识到'原来如此，我做错了'，并且好好反省改过，定会有所作为，这番工夫也就有了价值。如果你觉得'挨领导批评真难过，没办法只能忍着'的话，虽然决定写好了，但给你也没有意义，你怎么想？"

对方回答说："社长，我明白了。"

"你真的明白了吗？真的从心底认可这件事吗？"

"是的，我真那么想。"

"那就好，那我也可以愉快地把这份警告决定给你了。"

正巧这时，他的同事和上司来了。

我喊住两个人："你们来得正好，快来见证一下这件事。"

"什么事呢？"

"我准备把这份警告决定给他，他说会心悦诚服地接受处分，这让我很高兴。我读一下决定，你们也一起听听吧。"

三个人站在我面前听完了决定。

我说："其实你们很幸福，我一直在想，要是有人这样责备我该多好。现在就算我犯了错,员工们只会在背后悄悄说'老板真是莫名其妙',却不敢当面指出我的问题,不经意间,我总是犯下相同的错误。幸运的是,你们有我和其他领导,犯错时会有人责骂你们。越是身居高位,这样的机会越少,珍惜这样宝贵的机会吧。"

这是我自己的真实经历,这样的批评方式听起来有些不合常规,不过好在犯错误的人能素直地面对处分,之后成长为优秀的员工。

# 服从命令

工作中"服从"很重要。上司吩咐了事情,只有部下切实执行,项目才能顺利推进,取得丰硕的成果。如果员工不服从指挥,公司的经营就无从谈起。

那么员工是不是只要服从命令就可以了呢?绝对不是这样的。只要是领导的命令、上级的希望就照收照做,这会导致思维简单化,陷入所谓的"消极主义",公司的经营也会僵化。

比如公司为了节约经费,提出了不能浪费广告预算的要求,直译过来就是连必要的广告也不能做。如果原样执行,原本能卖出去的商品也会滞销,公司的发展也会止步。员工必须基于自主性作出经营判断,应该节省的是无用的广告费用,有用的广告必须积极完成。

当公司部长提出一项新方针，课长、主任[①]都应当积极地表达自己的观点，如果认为方针不妥，员工一定要有说出"部长，这个方针不合适"的自主性和勇气，这就是"自主经营能力"。缺乏这种能力，上级指挥有误，公司就会朝着错误的方向发展。

自主经营能力的重要性众所周知，但是随着组织的壮大、人数的增加，不知不觉间，员工变得只会服从，事不关己高高挂起。

---

① 部长、课长、主任都是职级名称，部长的职位高于课长和主任。——编者注

作为领导，要积极培养部下的自主经营能力，经常倾听下级的意见，营造广开言路的氛围。

# 做一名"临床医生"

在我们公司,每年新员工入职后都需要在工厂和零售店实习一段时间,体验生产和销售工作。在公司规模还小的时候,这种安排是没有必要的,因为工作即修行场。即使是负责开发和设计的技术人员,在日常工作中也能体验上手拧螺丝的生产过程,而负责制订销售计划的员工每天更是深入一线,实际了解情况。

随着公司的壮大,分工越来越细,渐渐地,"工作即修行"的模式不再通用,所以我们才安排了这种实习环节。

公司经营也好,做生意也罢,如果用医学来比喻,我认为我们做的不是基础研究,而是临床治疗。从这个意义来说,所有员工都必须是积累丰富的一线经验的临床医生。

如果制订销售计划的人自己都没有体验过销售，只依靠书本知识和才华"纸上谈兵"，计划大概率会失败。再者，如果技术人员没有任何生产经验，每天就是在实验室里埋头研发，他真的能做出好产品吗？我想答案应该是否定的。

从事临床工作，不从一线做起很难独当一面。两年也好，三年也罢，亲自在经销商和批发店里工作，从打扫卫生开始认真学习、积累经验，这样的人做起销售会怎么样呢？他会非常了解销售现场的状况，即使是在公司的办公室制订计划，也能做到几乎符合实际情况。

当然，员工学习、体验的方法多种多样，唯有一点，希望大家不要忘记自己是一名"临床医生"。

# 用心教育

人们常说"成事在人",我认为人才的培养非常重要。最近各家公司和店铺都致力于员工教育,甚至制定了相关制度,设立了专业部门。完善员工教育的制度和机构固然很好,但最重要的是,公司在教育过程中是否真正用心。

公司是经营者的人格反映,店铺是店主的人格产物,这是最好的教育方法。

话虽如此,并不是说经营者或店主一定要极其优秀、人格高尚、凡事都是楷模,这样又难又累,而且人非圣人,这也不现实。经营者、店主就是普普通通的人,是人就有缺点,有缺点就要坦坦荡荡地公开。上文所说的人格可以和人性的缺点并存。

重要的是，经营者、店主必须是工作的楷模，换句话说，他们应当有热情。经营者可以有很多缺点，甚至处处都是不足，但在经营热情上，店主应当比任何店员都更爱店如家，这才能起到模范作用。自古以来，"兵随将走"，店主头带得好，员工自然也会受到影响。随着员工的影响扩大，人才就逐步培养出来了。

经营者无论多么有学问和才华，没有热情也是于事无补，员工不会死心塌地地追随。缺乏热情，不管怎么完善员工教育的制度和机制，都不会培养出真正的人才。

经营者要倾听部下的意见，了解员工的想法，这有助于集思广益、提高经营成效，而且也对公司和店铺的经营有益,吸收部下的意见也有助于员工自信成长。相反,如果经营者对员工的想法充耳不闻,部下渐渐就会放弃发表意见,成长也会停滞。

如果想培养优秀的人才,首先经营者、店主要对生意充满热情,学会听取部下的意见。

# 外出历练的专务

在经济萧条的大环境之下，曾有一家经常合作的批发公司遭遇严重的经营危机。当时那家公司旗下的两百多家店铺中，只有30家赢利，其余全部赤字，情况糟糕透顶。

我和这家批发商平时交流的机会很多，所以应对方的要求提了不少建议，公司也想了很多办法渡过难关。

我和这家公司往来已久，公司社长经验丰富，为人热情，但是这次却面临严重的赤字危机。仔细观察公司的经营情况后，我有了重大发现。见到公司社长后，我直接说出了自己的想法。

"社长先生，您认为是什么原因导致公司业绩下降呢?"

"松下先生,我也很努力啊,但是却没有什么起色,真让人头疼,其中的原因我也确实不清楚。"

"我觉得是有人妨碍了你的工作,所以不管你怎么付出都亏损。如果没有及时发现的话,公司可能很难东山再起。"

"我确实没有发现,请问是谁呢?"

"就是您的儿子,公司的执行专务。"

对方听罢大吃一惊,这也在情理之中,我赶紧补充道:

"当然,我不是说您儿子是故意阻碍公司发展的,其实他也在为公司竭尽全力,只不过还没有充分了解做生意的诀窍而已。但是他担任着专务这一重要职务,结果影响了公司整体业绩。"

"原来如此，是这么回事啊。"

"如果想重振公司，不如让您儿子外出历练三年，不然公司是不会有起色的。"

听了我的建议，那位社长面露难色，思前想后最终下定了决心，让儿子去其他公司工作三年。在此期间，公司经过重建有了起色，社长的儿子外出打工，饱经历练。令人欣喜的是，再次回归时他已经成长为出色的商人。

让担任专务的儿子外出历练，有人可能认为这种做法不太礼貌，一般也很难照做。现在回想起来，大概是因为我真心为社长着想，诚心为公司发展出谋划策，社长才听从了我的建议吧。

心怀坦诚，真诚付出，即使下的是猛药，结果也会令人欣喜。

# 向上级请示

公司的经营讲究的是自主责任经营，在遵循公司基本方针的前提下，员工肩负重任，自行开展工作，这也是最理想的状态。如果员工只是一味"服从"，被动服从领导安排，凡事都问领导，不仅不会出业绩，自身也无法成长。我希望全体员工都可以独立工作、参与公司运营。

当然这只是针对平时一般状态的建议，如果员工遇到很难处理的问题，或者非常犹豫不决，我并不鼓励大家一味靠自己解决问题。当员工已经尽了最大努力依然不能给出有把握的对策时，应该马上与上级沟通当前的问题，否则一两个月之后情况恶化，徒留一个人烦恼。

当然，领导也不是神，有时虽然请示了，领导的回答却让我们更加困惑。这时我们可以向外部"求助",也许其他人有更好的建议,不耻"外"问不仅不丢脸,反而是充满诚意的行为。

如果是我,大部分情况下我会自己判断,犹豫不决的时候就向外部人士请教。所谓的外部人士不一定地位比自己高,只要对方可以从不同的角度看待问题,那么他们的批评就非常有参考价值。综合这些建议作决定,我们就不会陷入僵局。

独自承担,独自烦恼,却不向上级汇报,领导就会觉得事情在顺利推进。等到走投无路的时候再去求助,可能已经为时已晚。

一旦情况不妙,应当及时向上级报告,等待下一步指示,我觉得这才是真正的责任经营。

# 万事皆可

我小时候家境不好，虚岁十一岁就去店里当学徒了。现在是固定的每天八小时工作制，但是那时需要从早上一直忙到晚上十点，也没有固定的休息时间，除了盂兰盆节和新年之外全年无休，下班后完全没有时间学习。

母亲见我这样忙，认为不读书识字以后日子会更苦，就建议我找份公司的工作，晚上去夜校好好学习。我虽然对母亲的建议很心动，但是无奈父亲强烈反对，他认为已经踏上了商业之路，就应当专心学习做生意，我的学徒生涯因此持续到了十七岁。

现在想想，反倒是这些经验让我学会了做生意的诀窍，这对我之后的人生大有裨益。学习的愿望尽管未能如愿，却成就了另一种幸福。

命运就是如此地不可思议。人各有志，却未必都能如愿，愿望也很难全部实现，有时我们虽然踏上与希望相反的道路，却获得了意想不到的成功。

思考问题和作出决定时，很少有人能够高屋建瓴。自己一个人的眼界有限，我们知道的可能只是世界的 1%，剩下的 99% 要靠自己摸索。

所以我认为人生不要拘泥于一事一物，我们原本一无所知，这样想心情也会轻松。十人十色，人各不相同，生活受到眷顾也好，怎样也好，万事看开，这样的心态非常重要。

# 一家酒店的故事

做买卖时,服务的重要性不言而喻,我曾经从一家酒店的社长那里听到过这样一个故事。

当时这家酒店开业在即,正在紧锣密鼓地做着各项准备工作,无论是楼宇本身,还是设备和备品,酒店努力做好每个细节。但是酒店最看重的是什么呢?答案是员工的培养。

换句话说,酒店早的话从两年前开始,晚的话也要在开业半年前完成员工招募工作,利用这段时间对员工进行培训。这位社长表示,虽然开业没有什么问题,但自己还是有些担心。

听了社长的话我很感动。确实,无论酒店多么气派,单靠外在是很难满足客人需要的,只有服务周到，客人才会觉得"住在这家酒店不错，下次还要住在这里"。

酒店行业为了服务周到，一直坚持提前做好员工培养工作，这是酒店运营的常识，也督促我们深刻反省自己是否具有这样的觉悟、提供的服务是否完美。

近来，越来越多的企业开始重视服务的重要性，不管什么行业，相应的制度、服务体制都在逐步完善。这是好事，也是必然的趋势，如果服务人员的培养不到位，好不容易建立起来的体制就失去了灵魂，画龙却未能点睛。

从这位社长的话中我感受到，为了向顾客提供满意的服务，代表公司形象的服务人员需要言语得体、行为得当，公司不能吝啬对员工的培养和训练，并需要把这项工作放在首位。

# 不求最好，只求最适合

现在，很多公司和店铺都面临着人手不足的问题，为人才招聘伤透脑筋。

1918年，我开始自己做生意，幸运的是，那时劳动力很充足。当然，当时的松下电器根本招募不到最优秀的学生。反过来说，这样的人才如果选择松下，我也会很为难，因为对方太优秀了。

那么什么样的人适合松下呢？大多是普通小学毕业生，中学毕业的员工都少之又少。想招聘中学毕业的员工，公司得铆足劲儿"吆喝"才行。直到1927年，第一次有专科学校毕业的人才进入公司。也就是说，在公司成立的第九个年头，公司才第一次录用了两位专科学校毕业生。

渐渐地，公司招募到了更多符合要求的人才，发展也更加顺利。无论是公司还是店铺，都必须找准自己的定位，为人才提供合适的环境。

优秀的人才并不一定适合公司。优秀的人才中，很多人能力出色，但是他们往往会觉得："这是什么无聊的公司啊，太没意思了。"相反，普通的员工对于来之不易的工作机会更加珍惜，愿意为公司竭尽全力，这也是比较理想的状态，所以公司不能招募过多优秀的人才。

俗话说得好，凡事当"量力而行"。量力而行的公司、店铺才能招募到量力而行的员工。招聘的时候积极挑选这样的人才，对公司的未来就不用担忧了吧。

万事都要有度,七十分的人才也许更加适合公司,而且员工也会觉得更加幸福。

## 合理的薪酬

对公司和员工来说,工资无疑非常重要。薪酬合理与否,直接关系到公司的发展、员工的稳定,也是社会繁荣的基础。薪酬的设定应当基于双方的相互关怀,不断创新和改进,使其逐步合理化。

人人都期盼着工资越多越好,这个想法本身没有任何问题,但是对公司来说,即使有意向给员工加薪,也无法单凭一腔热忱实现,一直加薪更是难上加难。

那么公司应当怎么办呢?我认为,涨工资需要经过社会的公平认定才能实现,不能单凭公司的意见或老板的片面想法涨薪或降薪。只有得到社会的相应认可才能着手调整,这种调整也更加持久。

因此，不能工会一提要求，老板就马上涨工资。如果涨幅过高，就算公司的老板同意，社会也不允许，公司的财务状态也不一定撑得住，也不会长久。

针对薪酬问题，公司应当综合考虑时间、行业、国家情况，在社会允许的前提下进行调整，这样才不会引发争议。如果公司希望薪酬制度长久，就应当在力所能及的范畴内寻找最佳方案。换句话说，合理的薪酬应当基于双方的正确价值判断共同决定。

一步走错，即使短期情况良好，最终公司和员工也会陷入无路可走的困境。

# 对人事的不满

这是第二次世界大战前发生的事,当时我们公司实行员工等级制度,分为一级员工、二级员工、三级员工、候补员工等。一次,一位候补员工找到我说:

"我在公司干了很久,对公司有一定贡献,我有信心自己已经具备了三级员工的条件,但是一直没有收到晋升的命令。请问这是我的努力还不够吗?如果是的话,请您务必多多赐教,我会努力加油。如果不是的话,请问公司是不是忘了给我晋升呢?"

我马上安排人事调查,结果发现正如这名员工所言,人事部门漏掉了他的晋升资格,我马上让人事为他安排三级员工的晋升手续。对于他坦率真诚的要求,我感到非常高兴。

同一时间,另外一名员工向上司递交了辞呈。对方没有明说辞职的原因,所以不是很清楚具体情况,但是听说他的辞职和没有及时晋升有关。

人事部门当然希望所有的人事任免都公平无误,但是人非机器,结果不可能100%准确,自然有各种猜疑和不满,这时该如何应对呢?有人可能会选择将疑问默默藏在心里,但我更希望大家能够学习第一位员工,有疑问就提出疑问,最好的选择就是坦诚面对。

像第二位员工那样,虽然心存不满却不说不问、一个人发愁是解决不了问题的。作为领导和老板,应当为员工营造全力以赴的工作氛围,有疑问马上提出,有错误就立刻纠正。

# 专业人士的觉悟

我曾经看过一部叫作《斗志记录》[①]的电影,影片主要介绍了选手们为了备战东京奥运会而刻苦训练的故事。竞技体育离不开严苛的训练,选手们咬牙训练的样子让我印象极其深刻。尤其是最终获得奥运金牌的日本女排,日纺贝冢队[②]每天接受宛如地狱般的魔鬼训练。一幕幕场景让我深深震撼,这也正是奥运会的巨大力量源泉,选手们绽放的耀眼光芒让观众落泪感动。

但是仔细想想,那届奥运会的选手都是各自领域的"业余人士"。虽然他们肩负着国家荣耀在赛

---

[①] 电影的日文名为"闘魂の記録"。——编者注
[②] 排球队的名称,1964年参加东京奥运会的日本女排国家队就是在日纺贝冢队的班底基础上组建的。——编者注

场上拼搏、努力比赛，但是大部分选手都有各自的本职工作，体育只是他们的业余爱好。

回过头来看，做生意是我们的本职工作，这不是我们的副业，而是主业。奥运选手为"业余爱好"的体育项目付出了这么多努力，我们作为行内人士，难道不应该付出更多努力吗？

严肃地说，如果全身心投入主业中却没有丝毫喜悦感的话，这个人就应当放弃这份工作。这不是能力的问题，而是能否从中收获全身心投入所带来的喜悦的问题。

不少人觉得工作力不从心。即使能力不够，只要对待工作一心一意，这种敬业的态度就足以令人钦佩，令人印象深刻，令人为之动容。加上凝聚的智慧和力量，取得的工作成果定会令人刮目相看。

相反，没有这种真诚，多少力量都无法凝结，自然无法取得大的成果。从这个意义上来说，全身心投入本职工作却感受不到任何喜悦，这种情况是不应当发生的。

听起来很残酷，但是希望身处领导岗位的各位也扪心自问，自己是不是也有这样的倾向呢？

# 何为经营者

在我看来,作为经营者必须开动脑筋。越是热衷于事业,越没有时间,更没有自己的时间,因为无时无刻不在想着公司的经营。没有达到这种境界,就不算全身心投入经营。

如果是普通的员工,工作时间之外都是自己的时间,这是理所当然的。但是对于店主或者最高决策者来说,不管是小店铺,还是大公司,即使其他人在娱乐,自己也是万万不能闲下来的。当然现实中,经营者并不是一天到晚都在工作,也有休息和娱乐的时候。不论身体是休息还是娱乐,自己的内心都无法休息,难以做到空无一物,总是想着公司的经营。

这种状态令人疲惫不堪,备受束缚。但是,身居几人、几十人、几百人乃至上千人之上，肩负着全体员工的命运，必须忍受"王冠之重"。

也许这也正是经营者的生存价值所在，乐在其中，担负救赎。如果经营者有这样的感受，可能就没那么累、那样拘束了。这种价值可以促进人体血液循环，缓解身体疲劳。

勤勤恳恳工作，辛辛苦苦经营，然后就可以高枕无忧了吗？我不这样认为，倒不如说，此后经营者会辛苦到连片刻休息的时间都没有。这种生活可能枯燥无聊，但其中蕴含的生存价值足以慰藉疲惫的身心。

是否有这样的感受，答案因人而异，但我认为这是经营者判断自己是否称职的指标之一。

# 拒绝课长升迁

在公司和店铺的经营中，我认为人才是最重要的。

日本社会对"人才"的品格要求有多高呢？已经达到了苛刻的程度。不过，也有很多不够格的人当上了课长，晋升为部长，甚至成为社长。这是封建制度残留的表现，是论资排辈的产物，总有自食其果的一天。

在演艺界和体育界，够不够格、有没有实力是一目了然的。但是在实业界，够不够格很难明确判断。在体育比赛当中，如果输掉了比赛，说明选手"不够格"，但是有的地方难以"决出胜负"，或者即使有结果也需要等上许久。

公司在提拔课长之前应当先考察对方是否符合要求，但是有时也会犯错。这时候选人应当清醒地认识到自己是否够格。如果上司说："你来当课长吧。"大部分人会当场欣然接受，当然也有人回答："不了领导，做课长可不容易。很幸运，我把这份工作做得很顺利，也感到乐在其中，但是当课长什么的我还是难以胜任。"这样的情况在日本很少见，毕竟日本人觉得当课长比做普通职员风光很多。

在美国，公司提拔课长的时候，十人中九人会很高兴，总会有一个人仔细想想后委婉拒绝："当课长也可以，但最好还是让我继续做自己现在的工作吧。我更适合这份工作，这样对公司也有好处。"

日本和美国的国情不同,但我认为在升职问题上,除了进行自我判断之外,还应当讨论之后慎重决定。

# 坚持到底的决心

经营公司也好，做生意也罢，方法多种多样。比如，公司想生产并普及一款产品或器具，提高人们的生活水平，那么具体的实施方法可能有成千上万。

做法不同，自然就会产生不同的成果。但是，真正决定事情成败的关键其实不在于此。

关键在于经营者的决心，到底有多想干、有没有决心坚持到底，为了社会、为了他人的大事，有没有强烈的决心坚持到底。

如果没有这种坚持到底的决心和热情，没有豁出性命干事业的气概，结果往往以失败告终。

人是伟大的。人类齐心协力、努力拼搏，所以造出了"阿波罗号"宇宙飞船,登上月球。但是就算有了"阿波罗号",如果没有领导者无论如何都要登月的坚强决心,也无法取得成功。

无论是生意还是经营,其实和"阿波罗号"是一样的。只要有决心把生意做好,培养优秀的员工,做出更多让人高兴的成果,就一定有志者事竟成。

公司、店铺的最高责任者一定要有强烈的愿望和决心,在此基础上督促、激励、指导员工,公司的发展将指日可待。

# 新员工也可以做到

公司也好，店铺也罢，创业几年之后，随着规模不断变大，就会像政府机关那样，出现体制僵化的问题。

普通员工可以向主任汇报工作，但不可以直接向课长汇报，同理，主任向课长请示意见，但不能直接对部长汇报，部长只能向董事报告，但不能直接向社长请示，这样的想法不知不觉中产生并固定下来。在这种情况下，员工难以充分发挥自主性，公司发展也会止步不前。

因此我们必须防范这种情况产生。举个最极端的例子，即使是今天入职的新员工，我也希望他可以直接向社长汇报。这种风气的形成与保持离不开管理者们的配合。普通员工越过主任、课长、部长，直接向董事和社长请示，也不会因此损害课长和部长的威严。

不过就算课长或部长有意如此，普通员工如果担心因此坏了主任或课长的好心情，这也说明公司已经开始僵化。

领导层有责任培养良好的公司氛围，让各位课长至少敢说："我去汇报也可以，你也可以先向部长请示，之后告诉我一下。"

在部长看来，有的部下提出的意见可能确实不妥，但其中也有很多部长想不到的好方案。我们要学会灵活思考，发现新的创意，落实员工的优秀提案。即使自己的方针是正确的，但如果一味固执坚守，最终只会故步自封，画地为牢。领导层应当从部下源源不断的提案中汲取智慧，不断学习，创新创造，推动公司或店铺快速发展。

另外对于部下的提案，不一定只采用百分之百完美的方案，有时即使方案稍有瑕疵，但是对方"考虑了这么多，莫不如试试看"这种态度至关重要。秉持这种态度，今后也会收到更多来自部下的提案和创意，员工的工作也更加灵活。

前文中曾经提到，如果员工只会"服从命令"，无论公司拥有多少人才都不会发展。人才数量多也好，能力出众也罢，公司万万少不了年轻人自由发表意见、自由做事的氛围。

### 图书在版编目（CIP）数据

持续增长：松下幸之助的经营心得 /（日）松下幸之助 著；艾薇 译．— 北京：东方出版社，2024.3
ISBN 978-7-5207-3528-5

Ⅰ.①持… Ⅱ.①松…②艾… Ⅲ.①松下幸之助(1894-1989)—商业经营—经验 Ⅳ.① F715

中国国家版本馆 CIP 数据核字（2023）第 122355 号

---

KEIEI KOKOROECHO
By Konosuke MATSUSHITA
Copyright © 2001 by PHP Institute, Inc.
All rights reserved.
First original Japanese edition published by PHP Institute, Inc., Japan.
Simplified Chinese translation rights arranged with PHP Institute, Inc.
through Hanhe International (HK) Co., Ltd.

---

本书中文简体字版权由汉和国际（香港）有限公司代理
中文简体字版专有权归属东方出版社
著作权合同登记号 图字：01-2023-1577 号

**持续增长：松下幸之助的经营心得**
(CHIXU ZENGZHANG: SONGXIAXINGZHIZHU DE JINGYING XINDE)

---

| | |
|---|---|
| 作　　者 | [日] 松下幸之助 |
| 译　　者 | 艾　薇 |
| 责任编辑 | 刘　峥 |
| 出　　版 | 东方出版社 |
| 发　　行 | 人民东方出版传媒有限公司 |
| 地　　址 | 北京市东城区朝阳门内大街 166 号 |
| 邮　　编 | 100010 |
| 印　　刷 | 番茄云印刷（沧州）有限公司 |
| 版　　次 | 2024 年 3 月第 1 版 |
| 印　　次 | 2024 年 3 月第 1 次印刷 |
| 开　　本 | 787 毫米 × 1092 毫米　1/32 |
| 印　　张 | 4.5 |
| 字　　数 | 39 千字 |
| 书　　号 | ISBN 978-7-5207-3528-5 |
| 定　　价 | 54.00 元 |
| 发行电话 | (010) 85924663　85924644　85924641 |

---

版权所有，违者必究
如有印装质量问题，我社负责调换，请拨打电话：(010) 85924602　85924603